Ackermann · Wie man es trotzdem schafft

D1868951

Karin Ackermann

Wie man es trotzdem schafft

Veränderung statt Vermeidungsstrategien

Verlag Johannis

Die Reihe »Glaubens- und Lebenshilfe«
wird herausgegeben von Harald Petersen,
Leiter der Seelsorgeabteilung des
EVANGELIUMS-RUNDFUNKS
in Deutschland

Bildnachweis:
Umschlag: H. Baumann
Innenteil: S. 21: B. Kottal; S. 29: N. Kustos; S. 36:
M. Zweigle; S.40: K. Ender; S. 56: R. Rauth

Bibliografische Information Der Deutschen Bibliothek
Die Deutsche Bibliothek verzeichnet diese Publikation in der
Deutschen Nationalbibliografie; detaillierte bibliografische
Daten sind im Internet über http://dnb.ddb.de abrufbar.

ISBN 3-501-07178-7
Reihe Glaubens- und Lebenshilfe 07 178
Lektorat: Dr. Thomas Baumann
© 2003 by Verlag der St.-Johannis-Druckerei,
Lahr/Schwarzwald
Umschlaggestaltung: Friedbert Baumann
Gesamtherstellung: St.-Johannis-Druckerei,
Lahr/Schwarzwald
Printed in Germany 15242/2002

www.johannis-verlag.de

Inhalt

Veränderung statt Vermeidungsstrategien

Ich möchte schon ...

»Nicht das, was wir beginnen, zählt, sondern das, was wir zu Ende bringen ...« *Emil Oesch*

Warum tun Menschen eigentlich das, was sie tun? Und warum tun sie vieles, obwohl sie eigentlich ganz andere Absichten haben?

Gäbe es eine Begabtenförderung darin, gegen die eigenen »besseren« Absichten zu handeln, müssten die meisten von uns eigentlich sofort ein Stipendium bekommen. Im Grunde kennt fast jeder dieses Phänomen.

Sie nicht? Ich gebe Ihnen ein paar Beispiele.

Möchten Sie abnehmen? Hier kommt ein Patentrezept, mit dem es wirklich jeder schaffen kann: Essen Sie bewusster und weniger und bewegen Sie sich mehr.

Sie möchten Ihr Zeitmanagement verbessern? Das ist auch ganz einfach: Planen Sie Ihre Zeit langfristig und realistisch und fangen Sie mit allen Aufgaben rechtzeitig an.

Sie möchten mit Ihren Mitmenschen besser auskommen? Gewöhnen Sie sich an, offen, freundlich und selbstbewusst zu reagieren und ihr Gegenüber zu achten.

So leicht ist das also. Man muss einfach tun, was man sich vorgenommen hat.

In der Praxis hilft dieser wirklich gute Ratschlag allerdings meistens wenig: Ich weiß ja wirklich oft, was ich tun sollte. Aber es fällt mir nicht leicht, diesem Wissen entsprechend zu handeln. Und genau da liegt das Problem: Die 30 cm vom Kopf bis zum Herzen sind die längsten 30 cm der Welt – oft rutscht mein Wissen nicht bis ins Herz, wird nur zu einer Absicht, aber nicht zu einem Anliegen, das ich mit aller Kraft verfolge. Sich etwas vorzunehmen, ist leicht. Es dann auch auszuführen, nicht immer.

Auch die Bibel kennt dieses Phänomen. Im Alten Testament lesen wir immer wieder davon, wie Menschen, die Gott ganz nahe waren, doch so handelten, wie es dieser Beziehung nun wirklich nicht angemessen war: Mose, Abraham, David – sie alle handelten immer wieder gegen die eigenen Überzeugungen. Die stärkste Erfahrung half da nicht viel.

Auch das Neue Testament bringt uns etliche Beispiele für dieses Phänomen: Petrus, Johannes, die Pharisäer – sie alle und viele mehr blieben sich und ihren Überzeugungen oft nicht treu.

Und Paulus formuliert: »Das Gesetz der Sünde, das in meinen Gliedern wohnt, streitet gegen das Gesetz meiner Vernunft und nimmt mich gefangen. Das Gute, das ich tun will, tue ich nicht, aber das Böse, das ich nicht tun will, das tue ich.« (Römer 7,21)

Das Kräftemessen in der Seele

Im Alltag stoßen wir alle auf vielerlei Beispiele für dieses Phänomen, Vorhaben nicht umzusetzen. Man verschiebt den Termin im Fitnessstudio, füllt die Einkommenssteuererklärung nicht rechtzeitig aus, nimmt sich nicht die Zeit für Stille und Gebet, die man sich gönnen wollte, versöhnt sich nicht mit seinem Freund ... Noch viel schwerer fällt es oft, etwas **nicht** zu tun: Nicht mehr nörgeln, nicht mehr so viel fernsehen, nicht mehr so wenig Vertrauen haben ... Irgendwie scheint es fast ein Merkmal von Menschsein zu sein, den eigenen guten Absichten nicht zu genügen.

Sicherlich scheitern unsere Absichten auch manchmal an den Umständen: Ich habe nicht die nötigen Fähigkeiten, etwas zu tun, was ich möchte (z. B. werde ich wohl keine Skispringerin mehr werden), ich habe nicht das benötigte Material und nicht genug Zeit oder Geld und kann es mir auch nicht beschaffen (z. B. hätte ich gern ein riesiges Haus, habe aber kein riesiges Einkommen). Manchmal habe ich auch nur den falschen Weg gewählt, mein Ziel zu erreichen (z. B. wäre eine Sahnetorten-Frikadellen-Pommes-Cola-Diät wenig aussichtsreich, auch wenn ich sie noch so konsequent durchhalte).

In diesem Buch geht es aber nicht so sehr um diese Fälle, sondern um etwas, was man in der Psychologie *»contraintentionales Verhalten«*

nennt: Ich verhalte mich im Widerspruch zu meinen Intentionen (= Absichten), obwohl es von außen betrachtet eigentlich nichts gibt, was mich offensichtlich abhalten könnte. Die Erkenntnis, dass wir gegen unsere Vorstellung, unsere Interessen, unsere Überzeugungen gehandelt haben, kann im Nachhinein sehr bitter und mit vielen Selbstanklagen verbunden sein. Wie es von C. S. Lewis formuliert einem seiner Romanhelden in den Mund gelegt wurde: »Nun erkenne ich, dass ich die meiste Zeit meines Lebens damit verbrachte, weder zu tun, was ich hätte tun sollen, noch zu tun, was ich gern getan hätte.«

Wenn Paulus vom »Gesetz der Sünde, das in meinen Gliedern wohnt«, spricht, muss ich mir deshalb darunter nicht unbedingt nur konkrete antigöttliche Mächte vorstellen.

In jedem von uns wohnen viele »Anti-Kräfte gegen Veränderungen«: Gewohnheiten, unbewusste oder widersprüchliche Motive, negative Prägungen.

Ich möchte versuchen, das an einem Beispiel zu erläutern.

Sie fassen den Entschluss, ab heute jeden Tag eine halbe Stunde zu joggen. Sie haben die Notwendigkeit erkannt, Ihnen ist klar, dass Sie sich zu wenig bewegen. Eigentlich laufen Sie sogar ganz gern und Sie haben den Willen, Ihren Entschluss umzusetzen.

Am Ende des Monats stellen Sie aber fest, dass

Sie es eigentlich nur 2-mal geschafft haben, Ihre guten Vorsätze auch durchzuführen. Sie wollten zwar *irgendwie,* aber es hat nicht geklappt. Das Problem lag auf vielen Ebenen: Das Bett war so warm und gemütlich, sie hatten eigentlich dann doch keine rechte Lust, nach dem ersten Lauf merkten Sie deutlich Ihre fehlende Kondition ...

So ist es immer: Wenn ich ein Vorhaben umsetzen will, mobilisiere ich alle positiven Hilfskräfte in mir. Die negativen allerdings mobilisieren sich ebenfalls, und zwar ohne dass ich dafür viel tun müsste.

Psychische Kräfte, die in die gleiche Richtung zielen, verstärken sich dabei gegenseitig.

Psychische Kräfte, die in unterschiedliche Richtungen zielen, hemmen sich.

Stellen Sie sich unseren Weg vom Fassen eines Entschlusses bis zu seiner Umsetzung vor wie einen Fluss, der in seinem Fließen immer wieder durch Treibgut behindert wird. In manchen Flussarmen kann es dann soweit kommen, dass sich das Wasser aufstaut und der Fluss blockiert ist. *Wie kann ich mir dieses Treibgut vorstellen und wie »entsorge« ich es?*

Blockaden: Seelische Sperren gegen Veränderung

Die Kraft(losigkeit) des Willens

»Man muss nur wollen«, hört man oft. Das ist richtig: Unser Wollen, unser fester Entschluss ist ein entscheidender Faktor in der Umsetzung von Dingen.

Wenn ich ein Ziel eigentlich, irgendwie oder vielleicht erreichen will, kann ich mir deshalb die Arbeit im Grunde meist gleich ersparen.

Die Dinge, die ich erreichen will, muss ich wirklich wollen – ohne jeden Konjunktiv.

Und ich muss mir über Kosten und Nutzen klar werden: Was wird es mich kosten, dieses Ziel zu erreichen? Und will ich diesen Preis bezahlen?

Nehmen Sie an, Sie wollen eine Prüfung möglichst gut bestehen. Dann sollten Sie vorher besser jemand sein, der für diese Prüfung arbeiten will und darin seine Priorität sieht.

Wir erleben immer wieder, dass wir uns wirklich um etwas bemühten, also den Willen hatten, unseren Absichten treu zu bleiben, und doch haben wir es nicht getan. Hinterher schütteln wir den Kopf über uns selbst: Unserer Einschätzung nach waren wir zu schwach, unser Wille nicht stark genug.

Dabei gehen wir von der Annahme aus, unser

Wille sei eine normalerweise starke Kraft, die die Schwierigkeiten aus dem Weg räumt, dabei aber eben manchmal versagt. In diesen Fällen scheint es also notwendig, diesen Willen wieder zu stärken, meinen »Willen durchzusetzen«. Viele Menschen neigen so dazu, Wachstums- und Veränderungsprobleme mit reiner Willenskraft lösen zu wollen. Leider führt das oft nicht zum Ziel. Die Grundprämisse ist falsch. Das, was wir normalerweise als unseren Willen bezeichnen, ist eine Kraft unter vielen.

C. S. Lewis nennt das: »Die an den Tag gelegte, lärmvolle Aufregung unserer Entschlüsse und der zusammengebissenen Zähne.« Davon unterscheidet er, was er »das wirkliche Zentrum unserer Person«, das Herz des Menschen, nennt: Die Quelle, aus der unser wirkliches Denken, Fühlen und Verhalten entspringt. Hier gibt es viele Beweggründe, Motive, Wünsche, Triebe, Ängste, Erfahrungen und hier sieht es oft ganz anders aus als im offensichtlichen Bereich des Willens.

Gehen wir also einmal von der Hypothese aus, unser Wille sei kein starker, sondern eher ein schwacher Mitspieler. Wenn der Wille an sich als relativ schwach zu beurteilen ist, gelingt es oft nur mit sehr viel Energieeinsatz oder gar nicht, durch reine Willenskraft ans Ziel zu kommen. Wir müssen also über weitere Faktoren nachdenken, die uns dabei helfen können, unser Ziel zu erreichen.

Zwei Dinge sind mir in diesem Zusammenhang wichtig:

1. Immer wenn in mir die Frage auftaucht: »Warum habe ich dieses oder jenes gemacht oder nicht gemacht«, könnte ich aus dieser rhetorischen eine echte Frage machen: Ja, warum eigentlich? Welche inneren oder äußeren Kräfte wirken sich da wie aus?

Die »Kräfte« können aus unterschiedlichen Quellen kommen und wirken in unterschiedlichen Bereichen und in unterschiedliche Richtungen:

- Körperliche Anlagen und Konstitution (z. B. Triebe, Krankheit, Stress)
- Art/Persönlichkeit
- Erziehung/Prägung
- Erfahrung/Gewohnheit
- Wille
- Wünsche
- Bedürfnisse
- Ängste, Befürchtungen
- Gewohnheit
- zwischenmenschliche Probleme
- Behinderung von außen
- Trägheit
- blinder Fleck
- Lust – Unlust – Entscheidung

Diese Liste ist beliebig ergänzbar.

2. Der Weg zur Veränderung besteht meist darin, die Kraft meines Willens zu steigern. Viel mehr hilft es mir oft, hindernde Kräfte zu erkennen, zu

benennen und zu bearbeiten und zweitens andere, bisher ungenutzte Kräfte zu mobilisieren. Was hilft mir? Was könnte mich motivieren, beflügeln, antreiben, bei der Stange halten ... Es kann sinnvoll sein, sich eine Liste mit allen Hilfsquellen zu machen: Wo liegen meine Ressourcen?

Vielleicht sollten wir weniger Energie darauf verschwenden, uns und unsere Willensschwäche zu kritisieren, und uns stattdessen einen Augenblick Zeit nehmen, unsere ganz persönliche Situation zu beschreiben:

Was geht in mir vor?

Welche Kräfte werden in mir geweckt, wie reagiere ich darauf?

Und was will ich wirklich verändern?

Unsere Triebkräfte

Wir alle sind mit Triebkräften ausgestattet: Starke, nicht an unser Denken gekoppelte Impulse, die Gott uns mitgab, um unser Überleben zu sichern. Hunger erinnert uns daran, zu essen, unser Überlebenstrieb hält uns davon ab, uns willentlich in Gefahr zu bringen, der Sexualtrieb sorgt dafür, dass die Menschheit sich reproduziert.

Leider ist ein Trieb aber nicht zur Vernunft fähig: Hunger und Durst, der Wunsch nach Liebe oder Sexualität sind unvernünftig und können mehr Kraft entwickeln, als uns lieb ist. Denn es geschieht leicht, dass wir bei der Befriedigung unserer Bedürfnisse über das Ziel hinausschießen. »Jeder, der versucht wird, wird von seinen eigenen Begierden gereizt und gelockt«, heißt es im Jakobusbrief 1,14. Manchmal scheint es, als ließen uns unsere Triebe keine Wahl.

In der Psychologie spricht man hier vom Reiz-Reaktions-Modell.

Ein Reiz (z. B. ein Stück Torte) verbündet sich mit unserem Trieb (Hunger auf etwas Süßes) und gebiert als Reaktion einen unbändigen Appetit auf dieses Gebäck. Mächtig zieht es uns in Richtung Torte – da zu widerstehen ist schwer.

Manchmal haben wir die Tendenz, andere Menschen oder auch Gott dafür verantwortlich zu machen, wenn wir Schwierigkeiten mit unseren Bedürfnissen und unserem Triebleben bekommen. Die Frage, warum Gott uns überhaupt Triebe gegeben hat, wenn wir unser halbes Leben immer damit beschäftigt sind, sie in gute Bahnen zu lenken, ist ja auch nachvollziehbar. Die Antwort ist: Mein Triebleben ist nicht mein Feind, es gehört zu mir, es ist grundsätzlich in Ordnung und dient meinem Leben. Nur zu verdrängen hilft deshalb meist nur für kurze Zeit und ist auch der falsche Weg. Oft brechen sich meine Bedürfnisse und Triebe danach noch viel mächtiger ihre Bahn: 7 Tage Diät, dann ein Fressanfall ... Die Kraft meines Trieblebens darf deshalb nicht einfach nur verleugnet werden. Ich sollte mich mit meinen Trieben auskennen, sollte lernen, sie rechtzeitig und in angemessener Weise zu beachten.

»Brett vorm Kopf«: Unsere Sicht der Dinge ist begrenzt

Zu den Kräften, die es uns schwer machen, konsequent so zu handeln, wie wir es für richtig halten, gehört sicherlich die Kraft der eingeschränkten Sicht. Im Rückblick auf eine Situation kommt uns dann der Gedanke: »Warum bin ich nur so dumm gewesen? Ich hätte es doch wissen können ...«

In Amerika engagierte sich vor einigen Jahren ein berühmter Basketballspieler in der Aufklärungsarbeit darüber, was man tun kann, um Aids zu vermeiden. In Werbespots und von Plakatwänden erklärte er: »Kein Sex ohne Schutz!« und »Sexualität gehört in den Rahmen fester Beziehungen«. Drei Jahre später infizierte er sich selbst. In einem landesweit ausgestrahlten Interview äußerte er: »Ich kann heute nicht mehr begreifen, wie ich so dumm sein konnte, mich an meine eigenen Ratschläge nicht zu halten. Ich habe irgendwie gedacht: Einmal ist nicht so schlimm und mich trifft es schon nicht. Jetzt weiß ich, wie bitter ich mich irrte.«

Verschiedene Kräfte tragen dazu bei, unsere Urteilskraft zu trüben:

Verdrängung. Die Verdrängung ist ein wichtiger Bestandteil des Immunsystems unserer Seele.

Kein Mensch kann den ganzen Tag mit dem Bewusstsein herumlaufen, was uns alles passieren könnte. Ein Auto könnte mich überfahren, ich könnte im Beruf einen Fehler machen und meine Arbeit verlieren, das Ozonloch sorgt vielleicht gerade dafür, dass ich an Krebs erkranke, mein Partner könnte sich in jemand anderen verlieben ... All das sind reale Möglichkeiten. Es ist aber unmöglich, sich wirklich konkret gegen all die vielen Gefahren des Alltagslebens abzusichern. Unsere Psyche schützt uns vor dem Ansturm ständiger Angst und Wachsamkeit dadurch, dass sie bestimmte Gefahren ausblendet: Das passiert mir schon nicht ... Weil es nicht möglich wäre, mich gegen all die vielen möglichen Gefahren zu wappnen, wappne ich mich eben gegen das Bewusstsein der Gefahr. Da ist es ein gesunder Abwehrmechanismus – nur funktioniert er dann manchmal auch auf Gebieten, in denen es nicht ratsam ist, »blauäugig« zu handeln.

Diese Verdrängung setzt so manchen Veränderungsversuch matt. Ich weiß zum Beispiel, dass ich mich mehr bewegen sollte, um körperlich fit zu sein, meinen Körper zu stärken und so auch in späteren Jahren genug Kondition zu haben, gesund und beweglich zu bleiben.

Allerdings habe ich **jetzt** keine Schmerzen und fühle mich gut. Die Verdrängung rückt die Sorge für die Zukunft in den Hintergrund – und so hat die Bequemlichkeit mehr Raum in mir und beeinflusst meine Entscheidung.

Verantwortungscheu. »Es ist nicht meine Schuld. Ich kann nichts ändern.« Durchforsten Sie Ihre Aussagen danach, ob Sie oft solche und ähnliche Sätze gebrauchen. Haben Sie schon einmal bewusst wahrgenommen, wie sich Ihr Mut, eine Veränderung anzugehen, negativ verändert, wenn Sie sie aussprechen? »Ich kann nicht, ich muss ja, da kann man nichts machen ...« – wenn ich solche Redewendungen in meinem Inneren nur oft genug wiederhole, schaffe ich es sicher, nichts zu schaffen. Sie lenken meine Aufmerksamkeit nämlich mit hoher Sicherheit auf meine Kraftlosigkeit und auf mein Ausgeliefertsein. Der Schlüssel zur Veränderung ist interessanterweise die Bereitschaft, Verantwortung für mich und meine Situation zu übernehmen. Spüren Sie einfach mal den Unterschied in folgenden Aussagen:

»Ich muss bis 17 Uhr fertig sein« oder »Ich will um 17 Uhr fertig sein«. Der Unterschied besteht in der Übernahme von Verantwortung. Entweder erfülle ich nur Forderungen von außen, oder ich entscheide, welche Anforderungen ich für mich übernehmen und vertreten will. Die Sprache, mein Reden zu mir selbst, hat einen starken Einfluss auf mich – es ist wichtig, ihn wahrzunehmen.

Paradigma. Ein Paradigma ist so etwas wie ein Glaubenssatz. Ein Paradigma beschreibt meinen Interpretationsschlüssel für die Welt: »So müssen Menschen miteinander umgehen, das darf (mir) nicht passieren, ich kann auf keinen Fall ...« All das sind Grundüberzeugungen, die mein Verhalten und meine Sicht der Realität stark beeinträchtigen.

»Auf dem Weg ins Unglück stehen goldene Worte auf Wegweisern. Grundsätzlich handelt es sich dabei um die Überzeugung, dass es nur eine richtige Auffassung gibt – die eigene«, schreibt Paul Watzlawik in seinem Buch »Anleitungen zum Unglücklichsein«.

Ein Nährboden für nicht umgesetzte Pläne besteht deshalb auch darin, dass wir unsere Paradigmen nur sehr selten anzweifeln. Passen Sie nicht zur Einschätzung meiner Umwelt, bin ich geneigt, eher die Sicht der anderen als die eigene anzuzweifeln. Ich weiß doch schließlich, was ich gesehen/gefühlt/erlebt habe! Das liegt an unserem (oft unbewussten) Glauben, dass unsere Vorstellungen von Dingen und Situationen immer der Realität entsprechen – was nicht stimmt. Wer hat niemals die peinliche Erfahrung gemacht, dass der scheinbare Weg der Vernunft geradewegs ins Chaos führt? Oft liegt das daran, dass wir bei unseren Entscheidungen von den falschen Voraussetzungen ausgingen.

Sicher haben Sie schon einmal einen Albtraum, vielleicht einen Verfolgungstraum gehabt. Innerhalb eines solchen Traumes kann man meist machen, was man will: rennen, aus dem Fenster springen, kämpfen – man wird den Verfolger letztlich nicht los. Eine wirkliche Veränderung der Situation geschieht erst mit dem Erwachen. Dann

bin ich aber nicht mehr innerhalb des Traumes, sondern außerhalb: Der Rahmen der Wirklichkeit hat sich geändert und damit mein Einflussbereich.

Es gibt Situationen, da kämpfen wir mit aller Kraft um oder gegen etwas: Ich will einer bestimmten Versuchung nicht nachgeben, möchte eine belastende Verhaltensweise aufgeben, will etwas grundsätzlich verändern. Aber was ich auch tue – nichts scheint zu fruchten.

Wie in dem Albtraum renne und arbeite ich, ohne etwas zu erreichen – mein Verfolger ist immer schon da. Das liegt daran, dass ich an bestimmten Vorstellungen festhalte, ohne es zu merken. Aus dieser Sicht heraus übersehe ich Realitäten, die nicht zu »meinen« passen, ebenso mühelos wie kunstvoll – und muss die Suppe dann eben auch auslöffeln. In solchen Situationen brauche ich einen »Paradigmenwechsel« – einen Wechsel in meiner Überzeugung, meiner Sicht der Welt und der Situation.

Ein einfacher Versuch kann Ihnen deutlich machen, worum es geht.

Bitte versuchen Sie, die neun Punkte der folgenden Figur mit vier geraden, zusammenhängenden Strichen zu verbinden. Das heißt, beim Zeichnen darf der Bleistift das Papier nicht verlassen.

Blättern Sie bitte erst weiter, wenn Sie die Aufgabe gelöst – oder aufgegeben haben.

0	0	0
0	0	0
0	0	0

Die meisten Menschen, die die Lösung des Rätsels suchen, scheitern daran, dass sie annehmen, sie dürften zur Lösung den Raum der Punkte nicht verlassen.

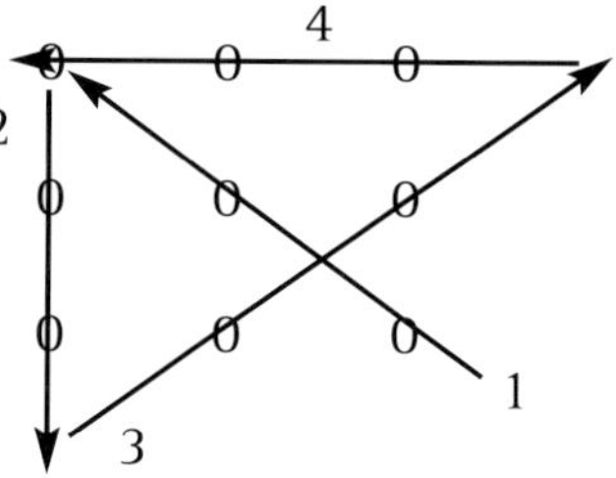

Das ist ein gutes Bild für unsere Gefangenschaft in unseren Paradigmen. In meiner Suche nach Lösungen überschreite ich oft nicht den Rahmen des Vertrauten, gehe unbewusst von Voraussetzungen und Bedingungen aus, die es zum Teil nur in meiner Vorstellung gibt. Unter diesen Umständen ist diese Aufgabe aber nicht lösbar – ich muss den abgesteckten Rahmen verlassen, dann kann ich es schaffen.

Gehen wir noch einmal zu Paulus und seiner Aussage in Römer 7:

»Das Gute, das ich will, tue ich nicht, aber das Böse, dass ich nicht will, tue ich.

Wenn wir aber tun, was wir nicht wollen, verfügen nicht wir selbst über uns, sondern die Sünde, die von uns Besitz ergriffen hat. Wir sehen also, dass sich alles nach folgender Regel abspielt: Ich will das Gute tun, und es kommt Böses dabei heraus. In meinem Bewusstsein stimme ich Gottes Gesetz freudig zu, aber ich sehe, dass mein Tun einem anderen Gesetz folgt. Dieses Gesetz liegt im Streit mit dem Gesetz, dem meine Vernunft zustimmt. Wir stimmen zwar mit der Vernunft dem Gesetz Gottes zu, aber mit unserem Tun folgen wir dem Gesetz der Sünde. Wir unglücklichen Menschen! Wer rettet uns aus dieser entsetzlichen Verstrickung?«

Das hört sich an wie das Lied aller entmutigten Realisten. Nur dass Paulus hier die Hoffnung weitersprechen lässt:

»Gott hat es getan! Ihm sei Dank durch Christus, unseren Herrn.«

Hier verlässt Paulus die Begrenzung seiner normalen Erfahrung. Auch wenn er erlebt, dass er nicht in der Lage ist, seine Situation zu verändern: Hier geht er über den Rahmen dieser Erfahrungen hinaus und rechnet eine Kraft mit ein, über die er normalerweise nicht verfügt.

Aber der Weg bis zu dieser »Grenzüberschreitung« ist oft lang und mit einigen Widerständen gepflastert.

Die Macht der Gewohnheit: Die »mehr desselben-Methode«

»Die Menschen ändern ihre Gewohnheiten nicht – und wenn sie auch noch so jämmerlich, schädlich und sinnlos sind.« *Oscar Wilde*

Haben Sie sich schon dabei ertappt, irgendeine Handlung mit dem Satz »Das habe ich immer so gemacht« zu begründen? Dann sind sie in die »Gewohnheitsfalle« getappt.

Eine Gewohnheit ist ein Verhalten, das

- mir »in Fleisch und Blut übergegangen ist«, also ein fester Bestandteil meines Lebens wurde
- automatisch reproduziert wird, wenn der entsprechende Auslöser sich meldet
- nicht mehr durchdacht wird
- auch nach Jahren noch unverändert weitergeführt werden kann, ob das nun sinnvoll ist oder nicht.

Manche Gewohnheiten sind dabei sehr hilfreich. Sie gehören zu einem disziplinierten Leben und erleichtern manches kolossal. Wenn Sie z. B. die Gewohnheit entwickelt haben, Ihre Kleidung abends ordentlich aufzuhängen und die schmutzigen Sachen gleich in die Wäsche zu tun, kostet sie das wenig Energie – es geschieht ja automatisch – und sie werden immer wieder mit einem ordentlichen Schlafzimmer belohnt. Müssen Sie jeden Abend immer neu überlegen, ob Sie die

Sachen wirklich extra aufhängen wollen oder nicht, ist Überwindungsenergie gefragt. Gewohnheiten haben also die Eigenschaft, energiesparend zu sein. Eine andere Ebene von Gewohnheiten betrifft das zwischenmenschliche Miteinander und die Lösung von Problemen. Im Laufe unseres Lebens lernen wir bestimmte Problemlösungsstrategien. Weil sie in bestimmten Situationen erfolgreich waren, wende ich sie auch in anderen Situationen an, werde immer geübter in ihnen, bis sie mir in Fleisch und Blut übergingen, also Gewohnheit wurden. Ich habe zum Beispiel erlebt, dass ich, wenn ich Sorgen habe, am besten fahre, wenn ich versuche, das Problem zu erkennen und zu lösen. So gewöhne ich mir an, in schwierigen Situationen nicht aufzugeben, sondern automatisch nach einer Möglichkeit zu suchen, das Problem zu beheben. So weit, so gut.

Manchmal sind unsere Gewohnheiten aber auch Fallen. Diese Gefahr besteht immer dann, wenn meine normale Lösung nicht zum Problem passt – oder die ehemalige Lösung sogar selbst zu einem Problem wird.

Dieses Spiel beruht auf dem sturen Festhalten an Anpassungen und Lösungen, die vielleicht irgendwann einmal durchaus passend oder sogar die einzig möglichen waren. Die Schwierigkeit damit ist nur, dass die Umstände sich evtl. geändert haben – nur mein Lösungsversuch nicht.

Das führt zu einer zweifachen Blindheit:

1. dafür, dass die einmal gewählte Form des Verhaltens jetzt eben nicht mehr die einzig richtige ist und

2. dafür, dass es neben ihr eine ganze Reihe von anderen Verhaltensmöglichkeiten gäbe, die ich alle übersehe, weil ich meine, es gäbe nur diese Lösung.

Diese doppelte Blindheit hat die Folge, dass die einstige Patentlösung immer erfolgloser und immer verzweifelter angewandt wird, weil man anscheinend »noch nicht genug getan hat«.

Ein Beispiel: Frau M. ist eine fantastische Zuhörerin. Ob dieser Begabung ist sie sehr beliebt, eine gesuchte Gesprächspartnerin, eine begabte Seelsorgerin. Sie hat einfach ein Gespür dafür, wie es Menschen geht, kann sie zum Reden bringen und erreicht durch einfühlsames Fragen, dass Menschen wirklich zum Kern ihres Problems durchdringen. Das hat sie irgendwie schon immer getan: Schon ihrer Mutter, die oft mutlos, traurig und von ihrem Partner enttäuscht war, hat sie lange zugehört – wenn die beiden auch sonst nicht viel miteinander geredet haben.

Überhaupt, das Reden ist nur bedingt Frau M.s Sache. Und weil das so ist, nutzt sie natürlich ihre Begabung dazu, die anderen zum Reden zu bringen. Selbst wenn sie am Ende kaum einen Ton gesagt hat, sind die Leute der Überzeugung, ein tolles Gespräch mit ihr geführt zu haben.

Sie ist eine begabte, beliebte – und, verrückter-

weise, eine einsame Frau, denn – so gern sie es möchte – sie schafft es kaum, auch über sich zu reden. Wenn sie dann einmal damit anfängt, spürt sie, dass es die anderen nicht so zu interessieren scheint. Dann fühlt sie sich unwohl, und schweigt wieder und konzentriert sich resigniert wieder stärker auf das Gegenüber – sie benutzt ihr altes Wundermittel, nicht verlassen zu werden, und bezahlt den Preis, den es kostet.

Nur – sie bekommt nie, was sie sich wirklich wünscht – nämlich bedingungslose Zuwendung – weil sie es gar nicht nehmen könnte, während sie gleichzeitig verstärkt versucht, sich Zuwendung zu verdienen. Sie ist zu sehr beschäftigt, zu geben.

Was wäre die Rettung? Zu erkennen, anzuerkennen, dass die alte Lösung – zuhören, damit Mutter dableibt, in eine andere Zeit gehörte. In eine Zeit der kindlichen Abhängigkeit, die jetzt aber vorbei ist.

Eine erwachsene Frau hat andere Möglichkeiten – und die Menschen um sie herum sind andere Menschen, die vielleicht sogar darauf warten, dass dieser schwer lesbare Mensch sich zeigt.

Wo wir festsitzen in Überzeugungen und Gewohnheiten, ist es wichtig, dass wir den Mut bekommen, Fragen zu stellen: Ist meine Überzeugung eine überholte Illusion?

Was Hänschen nicht lernt, lernt Hans nimmermehr?

Eine Blockade gegen Veränderung besteht auch schlicht und einfach in fehlender Übung. Was ich schon von Kindheit an gewohnt bin zu tun, fällt mir eben leicht. 30 Jahre Übung darin, sich angepasst zu verhalten, zum Beispiel, sind eine starke Antikraft, wenn ich versuchen will, etwas mir Wichtiges offen zu vertreten. In einem solchen Fall habe ich viel Erfahrung darin gesammelt, meine Meinung herunterzuschlucken – aber kaum Erfahrung darin, es nicht zu tun. In vielen Situationen erleben wir deshalb so etwas wie einen **Teufelskreis der Vermeidung:**

Ich habe ein bestimmtes Verhalten nicht geübt

↓

Ich habe Angst vor dem Versagen

↓

Ich vermeide Situationen, in denen ich dieses Verhalten üben könnte

↓

Mein Übungsrückstand bleibt und vergrößert sich noch

↓

Die Angst vor dem Versagen wächst

So wird der Augenblick des Anfangens immer schwieriger, während jedes Ausweichen meine innere Festlegung »Das kann ich nicht« wieder verstärkt.

Die Praxis zeigt, dass es in den meisten Fällen sehr wohl möglich ist, auch als Erwachsener noch neues Verhalten zu lernen. Am Anfang mache ich vielleicht Fehler, aber die dienen ja eigentlich dazu, aus ihnen zu lernen. Um neues Verhalten einzuüben, brauche ich deshalb die Bereitschaft, auszuprobieren, Fehler zu machen, zu stolpern ... und trotzdem weiterzuüben. Sie können etwas noch nicht so gut und machen es deshalb nicht perfekt? Na und? Das ist kein Problem, vorausgesetzt, Sie reden sich nicht ein, versagt zu haben, sondern fragen sich: »Was habe ich hieraus gelernt?«

Der »innere Schweinehund«

Wir alle haben in uns viele unterschiedliche Persönlichkeitsanteile, innere Stimmen, die oft in sehr unterschiedliche Richtungen gehen können. Da ist vielleicht ein mutiger Anteil, ein ängstlicher, ein vertrauensvoller und einer ohne Vertrauen – und sie alle leben in schöner Ein- oder oft auch Zwietracht in meinem Inneren. Kommt es jetzt zu Entscheidungen, beginnt in unserem Inneren so etwas wie eine Konferenz: Der Mutige will uns vorantreiben, der Ängstliche warnen, der Vertrauensvolle will es versuchen, der Misstrauische sich absichern ... Und so fühlen wir uns verwirrt und haben es schwer, uns zu entscheiden. In den meisten von uns gibt es auch einen Anteil, den man den »inneren Schweinehund« nennt. Sicher haben Sie auch schon mal gedacht: »Ich kann es erst schaffen, wenn ich meinen inneren Schweinehund besiegt habe.« Dieser Teil in uns hat als wichtigstes Ziel, sich zu drücken und auszuweichen. Er wünscht sich eigentlich nichts mehr, als einfach in Ruhe gelassen zu werden. Und um das zu erreichen, greift er zu allen möglichen Tricks. Er redet uns vielleicht ein, die Sache wäre doch gar nicht so wichtig. Sagt uns, wir würden es sowieso nicht schaffen und sollten deshalb gar nicht erst anfangen. Er sucht Auswege und Ausreden und nutzt jede Begründung, nur nichts tun zu müssen. Unser innerer Schweinehund hält die Anstrengung, die Veränderung kostet, für eine sinnlose und unbefriedigende Aufgabe und möchte uns davor bewahren. Er schafft es, indem er uns am Anfangen hindert. Er vernebelt unser Denken, sodass wir uns zwar mit dem Wunsch oder der Notwendigkeit beschäftigen, etwas Konkretes zu erreichen. Aber er sorgt dafür, dass unsere Gedanken dazu unkonkret bleiben: »Ich müsste eigentlich« oder »Ich sollte mal ...«. Das war es dann auch schon. Am Ende bleibt dann eigentlich nur schlechtes Gewissen, weil man »es« wieder nicht begonnen hat.

Meinen »inneren Schweinehund« muss ich eigentlich gar nicht verstehen. Ich muss nicht begreifen, warum ich keine Lust habe, »faul« oder träge bin. Um meinen inneren Schweinehund zu zähmen, muss ich vor allem klarstellen:

Wie sieht mein konkretes Ziel aus?

Ist es lohnend und wichtig genug, Zeit und Energie darauf zu verwenden?

Wie genau will ich es erreichen?

Wann fange ich mit dem ersten Schritt an?

Wir wissen nicht, wohin, aber das mit ganzer Kraft

Es ist manchmal erstaunlich, mit wie viel Engagement wir damit beschäftigt sein können, irgendetwas Nebensächliches zu tun, wodurch wir dann leider keine Zeit mehr für die Hauptsache haben. Sie wollen zum Beispiel ihr ganzes Haus auf Vordermann bringen und finden sich irgendwann selbst dabei vor, alle Briefe, die sie in den letzten Jahren bekamen und sammelten, nach Datum zu ordnen und dabei auch noch mal zu lesen. Hinterher ärgern Sie sich zwar über sich selbst, trotzdem passiert das immer wieder. Ein anderes Beispiel: Sie spüren, dass Ihr Leben sich ändern muss. Tatendurstig beginnen Sie, etwas zu tun – obwohl Sie eigentlich noch gar nicht wissen, wohin ihr Leben sich verändern soll. Irgendwann merken Sie, dass es irgendwie nicht mehr weitergeht.

Wie sieht mein konkretes Ziel aus?

Wie genau will ich es erreichen?

Wann fange ich mit dem ersten Schritt an?

Die Klärung dieser Fragen ist von großer Bedeutung. Unsere Probleme werden oft dadurch konserviert, dass wir nicht bestimmen, was wir erreichen wollen. Dann haben wir zwar vielleicht die »besten Absichten«, aber wir kommen damit nicht weit.

Der erste Schritt in die richtige Richtung lautet: **Ich verstehe mein Problem als »zu lösende Aufgabe«.** Probleme haben in unserer Vorstellung oft den Anschein von Wänden: Da gehts nicht weiter. Deshalb müssen wir lernen, dieses Problem als Aufgabe zu sehen: Wie können wir es lösen? Als Beispiel stellen Sie sich vor, Sie wären immer im Druck, weil Sie anscheinend nie genug Zeit haben. Betrachten Sie dieses Problem nicht als Schicksal, sondern als »zu lösende Aufgabe«, wäre der erste Schritt zur Lösung die Frage: Worin bestehen meine Zeitblockaden? Was bringt mich ins Hetzen, was ist innerhalb des Problems wiederum das größte Problem? Listen Sie auf, was Sie entdecken (aufschreiben ist immer besser, als nur denken; was Sie vor sich sehen, können Sie besser bearbeiten). Jetzt entscheiden Sie sich: Woran wollen Sie zuerst arbeiten? Nehmen wir an, Sie haben entdeckt, dass Sie vor allem deshalb in Schwierigkeiten kommen, weil Sie nicht »Nein« sagen können und so ständig unerwartete Pflichten bei Ihnen landen. Dann wäre der nächste Schritt, zu definieren, was Sie in diesem Gebiet erreichen wollen.

Was würde Ihnen in diesem Bereich am meisten helfen und ist deshalb Ihr Ziel:

Zu üben, »Nein« zu sagen?

Ihre Prioritäten zu klären und so eine bessere Entscheidungsgrundlage für die Annahme von neuen Aufgaben zu haben?

Schreiben Sie immer mehrere mögliche Zielformulierungen auf und entscheiden Sie dann, welche die stimmigste ist.

Je konkreter und klarer Sie Ihr Ziel definieren, umso größer ist Ihre Chance, es auch wirklich zu erreichen. Das ist genauso wie beim Bogenschießen: Wenn Sie »mit dem Ziel eins sind«, müssen Sie den Pfeil nur noch loslassen.

Ob Sie ihr Ziel wirklich klar formuliert haben, können Sie eigentlich leicht überprüfen.

1. Ein Ziel muss konkret sein

Ich muss genau beschreiben können, was ich erreichen will. Was wird anders sein, was werde ich tun, fühlen, sagen, sein ... Was wird sich vielleicht in meinem Aussehen, meinem Umgang mit anderen, meiner Beziehung zu Gott verändert haben? Je konkreter ich mein Ziel beschreiben kann, umso eher erreiche ich es auch.

2. Ein Ziel soll positiv formuliert sein

Das bedeutet: Ich beschreibe, was ich erreichen, nicht, was ich vermeiden will. In Veränderungsprozessen sind wir es oft gewohnt zu formulieren, was wir nicht mehr tun wollen. »Ich will nicht mehr so träg sein«, »Ich will nicht mehr so viel arbeiten« ... All das ist aber am Negativen orientiert. Die Erfahrung zeigt, dass mich diese Orientierung negativ beeinflusst. Haben Sie beim Autofahren schon einmal gedacht: »Ich darf auf keinen Fall zu weit nach links fahren!« Wenn Sie dann Ihren Blick auch nach links wandten, um die Richtung gut zu kontrollieren, sind Sie sicherlich automatisch immer in diese Richtung abgedriftet. So ist es auch »im richtigen Leben«: Wenn ich an der Vermeidung orientiert bleibe, bin ich immer mit dem, was ich vermeiden möchte, beschäftigt. Meine Gedanken gehen immer wieder in diese Richtung: »Ich will auf keinen Fall ...« Und schon sitzen wir in der Falle, denn die Beschäftigung mit einem Thema macht es mir vertraut und zieht mich in seine Richtung.

Nehmen Sie einmal an, Sie sind eigentlich sehr schüchtern, wollen aber lernen, diese Schüchternheit zu überwinden. Was wird es Ihnen helfen, sich vorzunehmen, nicht mehr schüchtern zu sein? Wahrscheinlich wenig. Versuchen Sie also, sich vorzustellen, wie Sie sich wo verhalten, was Sie konkret erreichen möchten. Was ist Ihr Ziel: Ohne Angst zu reden, herauszufinden, was Sie eigentlich zu sagen haben, ein Lob dankbar annehmen zu können ... Es gibt viele Situationen, die Sie sich so vorstellen können.

Formuliere ich ganz klar, was ich erreichen will,

kann ich diesen Effekt für mich nutzen. Indem ich mich in meinen Gedanken immer wieder damit beschäftige, wie mein Ziel aussieht, wird es mir immer vertrauter, kommt mir immer näher – bis ich dann da bin.

3. Ein Ziel soll in Nah- und Fernziele unterteilt werden

Mancher Plan scheitert einfach daran, dass ich »ein zu großes Stück vom Kuchen abbeißen will«. Nehmen wir noch einmal das Beispiel eines schüchternen Menschen. Wenn Ihr erstes Ziel darin besteht, ohne Angst und schlechte Gefühle in einer großen Gruppe zu reden, sollten Sie sich genau überlegen, wie Sie dieses Ziel erreichen können. Welche Möglichkeiten wollen Sie nutzen, um zu üben? Welche Ressourcen haben Sie? Wer kann Sie unterstützen? Mit welchen negativen Gefühlen werden Sie lernen müssen, umzugehen? Wenn Sie sich mit diesen Fragen beschäftigen, werden Sie merken, wie sich Ihr Ziel automatisch weiter in die Zukunft verschiebt: In einem Jahr möchte ich es erreicht haben, mein erster Schritt auf dem Weg dorthin ist ... Gehe ich so vor, verliere ich zwar meine Illusion einer »Instantveränderung light«, erspare mir aber auch manche Enttäuschung.

4. Die Erreichung des Zieles muss in meinem Einflussbereich liegen

Wenn mein Ziel beinhaltet, dass andere Menschen

sich verändern müssen, damit ich es erreiche, muss ich es dringend noch einmal überprüfen. »Ich möchte, dass mein Mann und ich uns wieder verstehen«, ist kein Ziel, das in meiner Macht liegt. Ich habe keine Kontrolle darüber, wie ein anderer Mensch sich entwickelt und verhält, was ein anderer denkt oder versteht. Die einzige Person, die ich beeinflussen kann, bin ich selbst – und das ist schon mühsam genug. Wie sähe eine veränderte Zieldefinition in diesem Bereich aus? Zum Beispiel so: »Ich werde mich bemühen, den Standpunkt meines Mannes zu verstehen und meinen eigenen Standpunkt so deutlich wie möglich machen.« Oder: »Ich werde bewusst folgende Schritte auf meinen Mann zu unternehmen.« Sie merken, hier liegt ein entscheidender Unterschied. Ich nehme die Verantwortung, die ich habe, auf. Ich mache mich nicht mehr abhängig davon, ob mein Gegenüber sich verändert – ich verändere mich, selbst, wenn es schwer fällt.

5. Ich rechne beim Erreichen meines Zieles mit Gottes Macht und lasse es von Gott überprüfen

Jetzt kommen wir zu einer interessanten Frage. Lohnt es sich überhaupt, sich Ziele zu setzen, ja darf ich das überhaupt? Schließlich heißt es nicht umsonst: »Der Mensch denkt und Gott lenkt.« Das ist wahr, enthebt uns aber überhaupt nicht der Notwendigkeit, zu denken und zu entscheiden. Es gibt Situationen, in denen ich wirklich einen klaren Eindruck davon habe, wie Gott diese Situation beurteilt und was er für mein Leben möchte. Es gibt andere, da ist es für mich dran, dieser Frage nachzugehen – zu forschen, mit Gott und anderen zu reden ... Und ich erlebe auch immer wieder, dass ich gefordert bin, mich zu entscheiden – auch wenn ich keine sicheren »Zeichen« habe und mir nicht sicher bin, dass das die richtige Entscheidung ist. Gott hat nun einmal eben diese Idee, mündige Menschen mit der Macht, sich zu entscheiden, zu haben, die freiwillig und vertrauensvoll mit ihm leben. Nicht, weil es so vorgeschrieben ist, sondern weil sie es, weil sie ihn wollen.

Ich bin also gefordert, mich zu entscheiden und gleichzeitig nach Gottes Wegen für mein Leben zu suchen. Was ist aber, wenn ich ganz genau weiß, was zu tun wäre, die Kraft zur Veränderung aber nicht habe? In einer solchen Situation kann man leicht an seinem Vorhaben verzweifeln und die Gefahr ist groß, dass ich so auf mein Nichtkönnen fixiert bleibe, dass mir alle Kräfte geraubt werden. Paulus vergleicht uns in solchen Zeiten mit einer Welle, die von der Strömung und vom Wind hin und her getrieben wird. Da soll ich mich wieder an Paulus orientieren: »Aufsehen auf Jesus«, ist seine Devise in solchen Situationen. Es geht darum, nicht wie ein Kaninchen auf die Schlange auf meine Schwierigkeiten zu starren. Ich entscheide mich, nicht sie, sondern Gott, Jesus, ins Auge zu fassen, immer wieder aufzublicken und mit Gottes Möglichkeiten zu rechnen. Ich wende mich an Gott und bitte ihn ganz konkret um das, was mir fehlt: um Mut, Klugheit, Kraft – und dann fange ich an, auf mein Ziel zuzuarbeiten. Ich warte nicht, bis ich mich mutig genug fühle, sondern ich entscheide mich: Ich will es jetzt tun und mich dabei Gott anvertrauen.

Die Angst vor dem Erfolg

Besonders dramatisch und paradox wirken sich Blockaden aus, wenn sie sozusagen erst einen Schritt vom Gipfel des Erfolges entfernt beginnen. Ein großes Ziel fast erreicht, ein lang angestrebter Wunsch in Reichweite – und im letzten Augenblick vermasselt man sich alles selbst. Es ist, als bekäme ein Mensch angesichts des bevorstehenden und geradezu unausweichlichen Triumphes sozusagen »weiche Knie« und versagt oder bricht aus – ein Phänomen, das oft als »Angst vor dem Erfolg« bezeichnet wird. Das kann tragische Ausmaße annehmen:

- Eine Mutter hat jahrelang darum gekämpft, ihre Tochter wieder zurückzubekommen, die vor Jahren in eine Pflegefamilie untergebracht werden musste. Sie hatte es wegen ihrer Alkoholabhängigkeit nicht geschafft, für ihre Tochter zu sorgen. Nach langen Kämpfen darum, trocken zu werden, hatte sie sich ein neues Leben aufgebaut. Sie erleidet einen schweren Rückfall und verliert wieder den Boden unter den Füßen gerade dann, als der Termin für die Rückkehr der Tochter festgelegt wird.

- Eine Angestellte, die zur Beförderung vorgesehen ist, macht gerade jetzt dumme und irrationale Fehler, sodass sie sich hinterher selbst nicht mehr verstehen kann.
- Ein junger Mann verändert sich kurz vor seiner Hochzeit plötzlich drastisch, sodass seine Freundin es sich noch einmal überlegt.
- Eine Referentin, die eigentlich richtig stolz war, dass man sie bat, dieses wichtige Referat zu halten, bekommt, je näher der Termin rückt, immer mehr Angst und schreibt die Arbeit ständig wieder um, bis sie am Ende unter totalem Zeitdruck alles nur noch zusammenschustern kann ...

Meist wird diese Angst erst in letzter Minute wirksam. Statt Vorfreude und Genugtuung empfindet der Blockierte plötzlich den ungeheuren Druck der Erwartung. Um ihm standhalten zu können, werden die Anstrengungen verdoppelt – was vorher leicht und souverän geschah, missrät nun, weil viel zuviel Sebstaufmerksamkeit hemmt, und das Gekrampfe und Gemurkse führt direkt in die Niederlage.

Genau hier liegt auch der Schlüssel zur Veränderung. »Wer sein Leben erhalten will, wird es verlieren«, heißt auch hier die Gefahr: Je mehr wir die Aufmerksamkeit auf uns selbst lenken, desto mehr beäugen wir uns auch selbst, vergleichen uns, fühlen uns auf dem Präsentierteller – beobachtet und beurteilt. Und werden schließlich verkrampft.

Gerade wenn etwas eigentlich gelingen muss, weil der Erfolg kaum noch gefährdet scheint, spielen Psyche und Körper nicht mehr mit. Wenn etwas gelingen muss, ist vermehrte Anstrengung oft der falsche Weg, das tausendmal Geübte und Beherrschte ist plötzlich nicht mehr leicht.

Bis zum Alter von 12 Jahren genießen es Kinder, wenn ihnen andere bei schulischen, musischen oder sportlichen Aktivitäten zusehen. Mit Publikum ist ihre Leistung deutlich besser als ohne. In der Pubertät wird das anders: In der Zeit der Unsicherheit wird der Beobachter als möglicher Kritiker gesehen, der dahinter kommen könnte, wie brüchig die Fassade ist. Wer sich seiner selbst nicht ganz sicher ist oder irgendwo anders vertrauensvoll ruhen kann, erlebt unter Erfolgsdruck die Möglichkeit des Scheiterns viel deutlicher als andere.

Ein weiterer Grund, warum Menschen kurz vor dem Erfolg versagen, ist die Angst davor, diesem Erfolg und den damit verbundenen Anforderungen nicht gewachsen zu sein.

Die Mitarbeiterin, die unbewusst die eigene Beförderung verhindert, muss sich so nicht entscheiden, ob sie nun gut genug ist – durch »die Umstände« wurde ihre Beförderung eben verhindert, und daran ist nicht sie schuld, sondern die anderen oder Gott ...

Ganz ähnlich funktioniert auch der Trick mit dem selbst auferlegten Handicap.

Das selbst auferlegte Handicap

In Frankreich gab es im vorletzten Jahrhundert einen Schachgroßmeister namens Dechapel. Er war berühmt dafür, jedem Gegner, und sei er auch noch so stark, einen Bauern Vorsprung im Spiel zu lassen. Er spielte immer mit Handicap. Das war nicht etwa das Ergebnis eines besonders starken Selbstbewusstseins, sondern ein Trick, das Verlieren besser zu ertragen.

Mit diesem Trick verlagerte er die Verantwortung für sein Spiel auf einen externen Faktor – das Handicap: Wenn er gewann, war es trotz, wenn er verlor, aufgrund des Handicaps.

Auch im großen Schachspiel des Lebens ist die Methode, sich selbst gezielt zu behindern, eine beliebte Methode, die trotz der entstehenden Nachteile einen oft großen psychologischen Vorteil bietet: Eigenschaften und Fähigkeiten können sozusagen nicht mehr »pur« beurteilt werden.

Beliebt sind zum Beispiel die Handicaps, zu spät anzufangen oder krank zu werden. Alkoholeinfluss ist eine beliebte Entschuldigung (»Ich kann nichts dafür, ich war betrunken«), aber auch die Aufopferung für einen anderen Menschen (»Wenn ich mich um ihn nicht kümmern müsste, könnte ich viel glücklicher, erfolgreicher, selbstbewusster sein ...«). Sogar Gott kann uns als Handicap dienen: »Ich darf ja nicht, ich würde mich ja mal durchsetzen, aber das ist nicht christlich ...«

Die Handicapsituation hilft, das Gesicht zu wahren – und behindert uns. Nein, wir behindern uns. Wissen Sie, was hier fehlt: Interessanterweise die gute alte christliche Demut. Wir brauchen solche Handicaps nämlich nur, wenn wir alles außer dem ersten Platz zu klein für uns finden und/oder die Verantwortung nur für Siege, aber nicht für Niederlagen auf uns nehmen können.

Das hat natürlich Gründe. Vielleicht waren Siege zu Hause früher so selbstverständlich, dass sie anscheinend immer erwartet wurden. Oder Niederlagen wurden so streng beurteilt, dass sie eine Katastrophe waren. Nur – auch wenn das früher Realität war – jetzt ist es anders.

»Durch Gottes Hilfe bin ich, was ich bin, und seine Güte ist nicht vergeblich gewesen«, schreibt der Apostel Paulus, als er von anderen ziemlich infrage gestellt wird.

Darin ruht er – dass er in Gott ruht – und kann sich deshalb auch mit der Angst vor dem Scheitern auseinandersetzen.

Pyrrhussiege: Rache um jeden Preis

Pyrrhus, der König von Epirus, gewann zwar eine wichtige Schlacht gegen die Römer, aber zu einem solch hohen Preis, dass er entsetzt ausrief: »Noch so ein Sieg, und wir sind erledigt.«

Für manche Menschen ist die Selbstschädigung ein Preis, der gern bezahlt wird, wenn sie dadurch auch einen anderen schädigen und verletzen können. Manchmal reicht es dabei schon, sich selbst zu schädigen und damit den anderen zu treffen, ohne ihn offen angreifen zu müssen. Offen aggressive Handlungen sind gar nicht notwendig: Ein klassisches Beispiel ist der Junge, der sich mit seiner Mutter darüber gestritten hat, was er anziehen soll, bevor er nach draußen geht. Die Mutter legt ihm alles Mögliche heraus, Mütze, Jacke, Schal – nur die Handschuhe vergisst sie und der Junge denkt wütend, als er ohne sie nach draußen geht: »Geschieht meiner Mutter ganz recht, wenn ich mir die Hände abfriere.« Schlimmere Beispiele gibt es aber leider auch:

- Ein Selbstötungsversuch z. B. kann unter anderem ein endgültiges Mittel sein, andere für das zu bestrafen, was sie mir angetan haben.
- Das schwarze Schaf der Familie kann allein durch seine Gegenwart die Familie beschämen und bestrafen.
- Der »Versager« kann sich durch seine Verweigerung ein Instrument der Rache verschaffen und die damit bestrafen, die andere Erwartungen und Hoffnungen an ihn hatten.

Eine besonders verzwickte Form dieser Verhaltensweise ist es, durch gezieltes und bewusstes

Fehlverhalten eine Bestrafung zu provozieren. In mancher Beziehung versucht der vermeintlich schwächere Teil den anderen unbewusst dazu zu bringen, aggressiv zu handeln nach der »Patho-Logik« des als Kind gehörten Satzes: »Es tut mir mehr weh als dir.«

Das Grundmuster darunter ist in der Regel seltsamerweise die Rache:

Ich habe das Gefühl, dass ich noch etwas zu fordern habe, dass da noch jemand bereuen muss – und ich helfe ihm dabei. »Vergib uns unsere Schuld – wie wir vergeben unseren Schuldigern« – dieser Zusammenhang besteht eben auch hier. Erst wenn ich meinen Anspruch auf Vergeltung loslasse, wenn ich erkenne, dass dieser Kampf zu viel kostet, dass ich mir noch so einen Sieg nicht leisten kann, erst dann werden wir frei zu empfangen, was in der Gegenwart an Gutem liegt.

Blockaden enttarnen – zielorientiert leben - sich mit Gott verbünden

Blockaden enttarnen

Wenn ich mir nicht mehr selbst im Wege stehen möchte, muss ich erkennen, wie ich mir im Wege stehe: Ich muss meine Blockaden erkennen. Das löst zwar nicht auf magische Weise meine Probleme, aber nur so finde ich den Ansatzpunkt für Veränderung heraus.

Vielleicht erinnern Sie sich zum Beispiel noch daran, dass ich Ihnen am Anfang das Reiz-Reaktionsmodell erklärt habe: Ich werde einem Reiz ausgesetzt, der mit meinen Bedürfnissen, Ängsten und Trieben korrespondiert, und reagiere fast automatisch dem Anreiz entsprechend.

Wenn ich mir meiner Automatismen bewusst werde, habe ich die Chance, anstatt reaktiv (automatisch) pro-aktiv zu handeln. Pro-Aktivität ist die Fähigkeit, einen Impuls einem bewussten Wert unterzuordnen. Dazu brauche ich zum einen das Bewusstsein des Impulses und zweitens das Bewusstsein meiner Werte.

Wie schaffe ich es, vom reaktiven zum pro-aktiven Handeln zu kommen:

- Zum einen kann es mir helfen, die Abschnitte

des Buches noch einmal zu reflektieren, die mich angesprochen haben.

- Eine weitere Hilfe besteht darin, einmal eine »Inventur meiner Seele« zu machen.

Welche Werte sind Ihnen besonders wichtig?

Nehmen Sie sich ein großes Blatt Papier und schreiben Sie auf, welche Ziele Sie langfristig erreichen wollen.

Entscheiden Sie sich dafür, welches Ziel sie zuerst angehen werden und begründen Sie Ihre Wahl: Warum ist das der erste Schritt?

Überprüfen Sie Ihr Ziel:

- Ist es konkret und positiv formuliert,
- in Nah- und Fernziele gegliedert
- und in Ihrem Einflussbereich?
- Spricht irgendetwas dafür, dass dieses Ziel doch das Falsche für Sie sein könnte?
- Können Sie mit Gott offen über dieses Ziel reden?
- Fallen Ihnen Gründe ein, die es Ihnen schwer machen, Ihr Ziel zu erreichen?

Welche sind es? Sehen Sie einmal näher hin:

1. *Welche inneren Kräfte könnten mich hindern, mein Ziel zu erreichen:*

Denken:
Gefühle:
Einstellungen:
Gewohnheiten:

2. *Wie könnte sich das auf mein Verhalten auswirken?*
Denken:
Gefühle:
Einstellungen:
Gewohnheiten:

3. *Mögliche Ursachen?*
Denken:
Gefühle:
Einstellungen:
Gewohnheiten:

4. *Verborgene Bedürfnisse? Was kann ich tun, um Verantwortung für die Bedürfnisse zu übernehmen?*
Denken:
Gefühle:
Einstellungen:
Gewohnheiten:

5. *Neue Gedanken, Gefühle und Gewohnheiten, mit denen ich die Sätze in Spalte 1 ersetzen möchte und auf die ich hinarbeiten will?*
Denken:
Gefühle:
Einstellungen:
Gewohnheiten:

6. *Welche äußeren Hindernisse könnten mich hindern, mein Ziel zu erreichen?*
Menschen:
Situationen:

7. *Welche Möglichkeiten sehe ich, damit aktiv umzugehen?*
Menschen:
Denken:
Gefühle:
Einstellungen:
Gewohnheiten:
Situationen:
Denken:
Gefühle:
Einstellungen:
Gewohnheiten:

8. *Wer oder was kann mir dabei helfen?*

Zum Schluss noch eine weitere Idee: Manchmal, wenn in mir viele Widerstände und Ängste sind, fällt es mir sehr schwer, mich mit Gott zu verbünden und vertrauensvoll zu beten. Dann kann es eine Hilfe sein, meine Gebete nicht mündlich oder in Gedanken, sondern in Form eines Briefes an Gott zu formulieren. Schreiben Sie Gott, was Sie denken, welche Sehnsüchte und Befürchtungen Sie haben – und vielleicht fällt Ihnen sogar Gottes Antwortbrief an Sie ein ...

Veränderung von innen

Eine permanente Veränderung ist meist hart errungen. Und sie kommt selten von außen, sondern von innen. Ein gutes Beispiel dafür ist Jakob. Jakob war ein Trickser: Geübt im Täuschen, geschickt darin, einen Vorteil für sich zu erringen. Das machte schon sein Name deutlich: »Jakob« bedeutet »hintergehen« oder »betrügen«. In vielen Situationen seines Lebens hatte er zwar Erfolg, allerdings oft auf »krummen Wegen«. Die Situation, die für ihn zum Wendepunkt seines Lebens wurde, ist in 1. Mose 32 ff beschrieben. Der Einstieg dazu war nicht angenehm, sondern eine handfeste Krise. Er ist auf dem Weg zurück in seine Heimat, um zu versuchen, sich mit seinem Bruder zu versöhnen, den er vor vielen Jahren schwer betrogen hatte. Auf diesem Weg wird er in der Nacht, bevor er ankommt, auf geheimnisvolle Weise in einen Kampf mit einem unbekannten Mann verwickelt. Es ist ein merkwürdiger Ringkampf und dauert bis zum Morgengrauen. Der Fremde kann Jakob nicht besiegen und gibt ihm am Ende einen Schlag auf die Hüfte, sodass sie ausgerenkt wird. So verliert Jakob seine Kraft, aber er lässt den Fremden nicht los.

Nach und nach wird deutlich, dass Jakob nicht mit einem Menschen, sondern mit Gott ringt.

Veränderungen sind immer Kampfsituationen. Innere Kräfte ringen miteinander und es ist noch nicht klar, wer siegt. Manchmal scheinen wir auch mit Gott zu ringen. Es ist, als würde er sich uns in den Weg stellen: Es geht nicht mehr weiter, alles geht schief, die Situation wird immer verfahrener. Wir versuchen, die Schwierigkeiten niederzuringen, wir kämpfen mit unseren Problemen und mit Gott. Es scheint, als ob auch er uns nur Schwierigkeiten in den Weg legen würde.

In Jakobs Geschichte kommt der Wendepunkt da, wo Jakob seine Kraft verliert: Er erkennt, dass er es mit Gott zu tun hat. Und jetzt versucht er den, den er vorher besiegen wollte, festzuhalten. »Ich lass dich nicht los, wenn du mich nicht segnest«, sagt er ihm. Er klammert sich an den, der Macht hat über alle Schwierigkeiten. Und jetzt geht es nicht mehr nur um die aktuelle Situation: Jakob will mehr, er will eine Veränderung seines Lebens. Er erkennt den Kampf nicht mehr als Hindernis, sondern als Chance zur Veränderung. Und er merkt: Hier trickse ich mich nicht heraus. Ich will und brauche die Hilfe dessen, der mich hier festhält.

»Wie heißt du?«, wird er gefragt. Wenn Jakob Recht hat, wenn er sich mit Gott auseinandersetzt, ist die Frage kaum verständlich: Der müsste ja wissen, mit wem er kämpft. Aber bei dieser Frage geht es um Selbsterkenntnis und Offenheit. Indem Jakob seinen Namen ausspricht, redet er auch über seine Geschichte: Ich bin Jakob, der Trickser. Zu jedem Veränderungsprozess gehört das Bewusstsein meiner Schwäche und die Auseinanderset-

zung mit meinen Fehlern. Erst wenn ich ehrlich vor mir selbst bin, meine Situation nicht mehr auf die Außenwelt verschiebe, kann sie sich – kann ich mich ändern.

Diese Begegnung mit sich selbst und Gott verändert Jakob. Er wird nicht aufgefordert, sich mehr anzustrengen, sich besser zu benehmen. Nein, es kommt zu einer tief greifenden Veränderung, die so weit geht, dass Jakob am Ende von Gott einen neuen Namen bekommt: Aus Jakob dem Trickser wird Israel, was »der Kämpfer Gottes« heißt.

Als Jakob bei Sonnenaufgang den Kampfplatz verlässt, hinkt er. Diese Behinderung wird bleiben – aber die Veränderung auch.

Fassen wir zusammen: Tief greifende Veränderungen haben vier Phasen:

1. Ich stelle mich meinen Schwierigkeiten.
2. Ich begreife sie als Möglichkeit zu Wachstum.
3. Ich beschönige mein Verhalten nicht mehr, aber ich verurteile mich auch nicht selbst und übernehme die Verantwortung für mein Tun.
4. Ich lasse mir helfen – von Gott und Menschen.

Sich mit Gott verbünden

Wir haben uns jetzt unsere Blockaden noch einmal angesehen. Und wir haben uns damit beschäftigt, wie man ein Ziel definiert und Veränderung erfährt. Das ist eine Hilfe, aber keine Erfolgsgarantie.

Vor fast 100 Jahren warfen streikende französische Arbeiter ihre Holzpantinen – »Sabots« genannt – in die Maschinen und verhinderten so, dass mit ihnen gearbeitet werden konnte. Daher der Begriff »Sabotage« – er bedeutet »etwas planmäßig negativ beeinträchtigen«, zerstören. Immer wieder betreiben wir Menschen Selbstsabotage. Das bedeutet: Ich bremse, behindere, zerstöre nicht vorrangig andere, sondern in erster Linie mich selbst – und manchmal gerade dann, wenn ein Erfolg greifbar nahe wäre. Dieses Verhalten ist für andere oft deutlich zu erkennen, für viele Betroffene aber sieht es häufig so aus, als hätte sich »das Schicksal gegen sie verschworen«, oder als hätten sie eben immer Pech. Mancher erkennt aber auch, dass er am eigenen Ast sägt, ohne zu wissen, wie das zu stoppen wäre: »Ich stoße immer mit dem Hinterteil um, was ich mit den Händen aufgebaut habe«, beschrieb eine Frau ihr Erleben. Wer in dieser Kunst lange Übung hat, wird erleben, dass er sich selbst immer wieder überlistet. Ich habe mich bemüht, habe schon viel erreicht – und plötzlich scheine ich wieder am Anfang zu stehen. Dann ist die Gefahr des Aufgebens groß. Wenn es nicht recht vorangeht, wird es eben oft schwierig, weiterzumachen. Irgendwann kommt in jedem Entwicklungsprozess dieser Augenblick.

Schreiben Sie einmal auf, was Sie tun müssten, damit Sie ihr Ziel nicht **erreichen.**

Das sind also Ihre Fallen. Verlieren Sie sie nicht

aus den Augen, aber fixieren Sie sich auch nicht auf ihre Vermeidung!

Eine wichtige Hilfe möchte ich Ihnen zum Schluss noch einmal nahe bringen: Gott ist auf jeden Fall auf Ihrer Seite!

Ich zitiere noch einmal Paulus (Römer 5,1):

»Gott hat uns angenommen, weil wir uns auf ihn verlassen. Jetzt ist Friede zwischen ihm und uns.« Also nicht, weil wir alle Voraussetzungen erfüllt haben und jetzt anständig genug sind, nimmt Gott uns an – sondern weil wir uns auf ihn verlassen. Dass ich angenommen bin, ist für mich eine große »positive Triebkraft«, die mir in vielen Situationen helfen kann, wenn sich Blockaden festsetzen wollen.

»Er (Jesus) öffnet uns den Zugang zu der Gnade Gottes, die wir mit Vertrauen angenommen haben und die jetzt unser Leben bestimmt, weil wir fest damit rechnen, dass Gott uns an seiner Herrlichkeit teilhaben lässt«, schreibt Paulus.

Vielleicht denken Sie jetzt: Ich hätte es gern, Gott ganz vertrauen zu können – ich weiß aber nicht, wie! In diesem Fall haben Sie gerade ein wichtiges Ziel entdeckt. Es geht dabei nicht um eine Veränderung in Ihrem Gefühl des Vertrauens. Vertrauen ist vielmehr in erster Linie etwas, das sich im Alltag zeigt, eine Verhaltensweise: Ich vertraue mich an. Nur so kann ich erfahren, ob mein Gegenüber vertrauenswürdig ist. Wenn ich also nicht vertrauen kann, wäre es doch ein lohnendes

Ziel, sich Gott ganz praktisch immer wieder anzuvertrauen.

So entwickelt sich immer mehr, was später in Kapitel 8,12 und 13 so beschrieben wird:

»Wir stehen also nicht mehr unter dem Zwang, unserer menschlichen Natur zu folgen. Leben werdet ihr nur, wenn ihr den Geist Gottes in euch wirken lasst, damit er euren selbstsüchtigen Willen tötet.«

Für mich hat diese Aussage drei Schwerpunkte:

1. Die Gnade bestimmt unser Leben. Nicht die Selbstverurteilung. Gnade bedeutet Zuwendung ohne Gegenleistung. Gott hat nicht das Ziel, mich zu verurteilen, sondern mich zu retten. Und so kann ich mir mein Leben ansehen, ohne von ihm überwältigt zu werden: Ich bin ja angenommen. Das bleibt.

2. Wir stehen nicht unter dem Zwang, unserer menschlichen Natur zu folgen. Das heißt für mich: Auch wenn ich in manchen Bereichen die Hoffnung fast verlieren will, es gibt keine ausweglose Situation – nichts ist dazu verdammt, zu bleiben, wie es ist. Auch ich bin das nicht. Und wenn ich dreimal scheitere, suche ich nach den Ursachen und versuche es eben zum vierten Mal. Ich kann lernen, pro-aktiv zu werden: Ich bin den Automatismen meines Lebens nicht für immer ausgeliefert.

3. Mein »selbstsüchtiger Wille« kann ruhig sterben. Es gibt keine Zauberformel im Sinne von: »Ich öffne mich Gott und schon ist alles gut!« Aber es gibt in mir die Präsenz einer guten, starken, verändernden Kraft, die nichts lieber will, als mir zu helfen, zu »werden, was ich sein könnte«. Gott selbst. Und der möchte, dass etwas in mir stirbt: Paulus hat das »den selbstsüchtigen Willen« genannt. Das hört sich zuerst einmal nicht besonders angenehm an. Was ist damit gemeint? Muss ich etwa doch meine Identität, meinen Willen und meine Persönlichkeit aufgeben?

Nein, das Wort »selbstsüchtig« macht ja schon deutlich, worum es geht. »Selbstsucht« beinhaltet den Begriff der Sucht. Das Wort Sucht kommt von »Siechtum« – und das bedeutet Verfall, Krankheit, langsames qualvolles Vergehen. Selbst-Sucht ist deshalb nichts Förderliches, sondern eine Suche ohne Ergebnis. Wie bei jeder Sucht versuche ich, mich mit Pseudohilfen zu retten, zu trösten oder zu befriedigen.

Ich glaube, der Begriff des »selbstsüchtigen Willens« steht für den Bereich der Kräfte in uns, die von der Angst beherrscht sind:

Von der Angst, nicht geachtet oder nicht geliebt, nicht gesehen oder nicht gehört zu werden, von der Angst, zu kurz zu kommen, allein zu stehen, verloren, nicht wertvoll genug zu sein.

Dahin gehören auch die meisten unserer »Blockaden«, die ja oft als Reaktion auf Angst oder als Schutz entstanden.

Zu diesem Teil meines Wesens spricht Gott wie

ein starker, freundlicher Vater und sagt: »Du kannst ruhig sterben, Selbstsucht! Dieses Leben kommt zu einem guten Ende, deine Mission ist schon erfüllt. Du brauchst hier nichts mehr zu verteidigen. Und auch du kannst ruhig sein, Angst. Ich bin ja da. Ich passe auf – es sollen wohl Berge fallen und Hügel zusammenbrechen – mein Bund wird niemals fallen, meine Treue bleibt. Du kannst dich mir anvertrauen, mit all deinen schlechten Erfahrungen. Ich helfe dir – ich stärke dich auch – du kannst mich jederzeit rufen!«

Wenn ich mich darauf einlasse, geschieht oft etwas Wunderbares: Ich werde gelassen.

Abschlussgedanken

»Nicht das, was wir beginnen, zählt, sondern das, was wir zu Ende bringen ...« (Emil Oesch) – mit diesem Zitat begann unser Buch und damit soll es auch enden.

Ich habe versucht, Ihnen ein paar Gedankenanstöße zu vermitteln – Sie müssen jetzt entscheiden, ob und was Sie davon umsetzen wollen.

Ich wünsche Ihnen Mut dabei: Holen Sie sich alle Hilfe, die Sie bekommen können, erzählen Sie anderen, was Sie erreichen wollen, und bitten Sie sie um Unterstützung. Rechnen Sie mit Niederlagen: Es ist nicht schlimm, wenn Sie zwischendurch den Faden verlieren oder aufgeben wollen – es wird nur dann schlimm, wenn Sie wirklich aufgeben.

Hören Sie nie auf, anzufangen!

In der Reihe **Glaubens- und Lebenshilfe** sind bisher erschienen:

Harald Petersen, Leben mit unerfüllten Wünschen?
Bestell-Nr.: 07 171

Frauke Hofmann, ... weil du so wertvoll bist!
Bestell-Nr.: 07 172

Arno Kawohl, Auf Hoffnung eingestimmt!
Bestell-Nr.: 07 173

Karin Ackermann, Loslassen – das Land des Lebens urbar machen
Bestell-Nr.: 07 174

Nicoletta Vogel, Mit Krankheit leben
Bestell-Nr.: 07 175

Arne Völkel, Geschenkte Freiheit
Bestell-Nr.: 07 176

Gisela Keßler, Warum kann ich dich bloß nicht verstehen?
Wenn Gespräche in die Sackgasse geraten
Bestell-Nr.: 07 177